Anna Lopez

Dracula Contra Manah

Level B1 with Parallel Spanish-English Translation

LANGUAGE
PRACTICE
PUBLISHING

Impressum

Dracula Contra Manah
by Anna Lopez

Audio tracks and illustrations by Audiolego

Graded Spanish Readers, Volume 23

Homepage audiolego.com

Copyright © 2023 Language Practice Publishing

Copyright © 2023 Audiolego

ISBN Softcover: 978-3-347-98909-2

ISBN Hardcover: 978-3-347-98910-8

ISBN E-Book: 978-3-347-98911-5

Druck und Distribution im Auftrag :

tredition GmbH, Heinz-Beusen-Stieg 5, 22926 Ahrensburg, Germany

Tabla de Contenidos
Table of contents

Capítulo 1

El Viaje de la Vida
The Trip of a Lifetime

Era un día luminoso y soleado en Nueva York, y las calles bullían de vida. El sonido del claxon de los coches y el parloteo de la gente llenaban el ambiente mientras Tim, que tenía 10 años, se dirigía a la escuela. Hoy era un día importante, pues iba a descubrir más sobre su próximo viaje escolar a Europa.

Tim era un niño curioso y aventurero al que le encantaba conocer nuevos lugares y culturas. Siempre había soñado con visitar Europa y ahora, por fin, iba a tener la oportunidad.

Al entrar en clase, su

It was a bright and sunny day in New York, and the streets were bustling with life. The sounds of honking cars and the chatter of people filled the air as 10-year-old Tim made his way to school. Today was an important day, as he was going to learn about his upcoming school trip to Europe.

Tim was a curious and adventurous boy who loved to learn about new places and cultures. He had always dreamed of visiting Europe and now, he was finally going to get his chance.

As he entered the class-

amigo Sam le saludó: "Hola, Tim. ¡Hay grandes noticias sobre el viaje escolar!". Todos sus compañeros estaban entusiasmados y Tim estaba impaciente por saber más sobre el viaje.

Su profesora, la Sra. Smith, se puso delante de la clase y se dirigió a todos. "Buenos días, niños. Hoy tengo una noticia emocionante que compartir. ¡Este verano la clase hará un viaje escolar a Europa!".

La sala estalló en aplausos y gritos de alegría, y el corazón de Tim dio un vuelco. ¡Iba a ir a Europa!

La Sra. Smith continuó explicando que el viaje duraría dos semanas. Visitarían varios países, entre ellos

room, his friend Sam greeted him: "Hi Tim. There is great news about the school trip!" His classmates were all buzzing with anticipation, and Tim couldn't wait to hear more about the trip.

Their teacher, Mrs. Smith, stood at the front of the room and addressed the class. "Good morning, children. I have some exciting news to share with you today. Your class will be going on a school trip to Europe this summer!"

The room erupted in applause and cheers, and Tim's heart skipped a beat. He was going to Europe!

Mrs. Smith went on to explain that the trip would last for two weeks. They

Francia, Italia y Rumania. También mencionó que se alojarían en hoteles. Tendrían muchas oportunidades de hacer turismo y vivir aventuras.

Tim estaba encantado. Nunca había subido a un avión, y ahora iba a viajar a Europa y a ver todos los lugares increíbles sobre los que solo había leído.

A medida que avanzaba el día, Tim no podía dejar de pensar en el viaje. Estaba tan emocionado que apenas podía concentrarse en clase. Estaba deseando contárselo todo a sus padres.

Después de clase, Tim acompañó a Sam a casa.

would be visiting several countries, including France, Italy, and Romania. She also mentioned that they would be staying in hotels. There would be plenty of opportunities for sightseeing and adventure.

Tim was over the moon. He had never been on a plane before, and now he was going to travel to Europe and see all the amazing places he had only read about.

As the day went on, Tim couldn't stop thinking about the trip. He was so excited that he could hardly focus on his lessons. He couldn't wait to tell his parents all about it.

After school, Tim walked with Sam home.

"¡¿Sabes que nos alojaremos en el castillo del conde Drácula, en Rumanía?!" dijo Sam.

Tim abrió los ojos de asombro. "¿De verdad? ¡Qué guay! Estoy deseando explorar el castillo y conocer su historia", exclamó.

Tim corrió a casa e irrumpió por la puerta, ansioso por compartir la noticia con sus padres. "¡Mamá, papá, no os lo vais a creer! Mi clase se va de viaje a Europa este verano".

Sus padres estaban muy contentos por él y le preguntaron todo sobre el viaje. Tim les contó todo lo que había aprendido aquel día. Estaban impresionados por todos los

"You know, we will stay in Count Dracula's castle in Romania!" Sam said.

Tim's eyes widened in amazement. "Really? That's so cool! I can't wait to explore the castle and learn about its history," he exclaimed.

Tim rushed home and burst through the door, eager to share the news with his parents. "Mom, Dad, you won't believe it! My class is going on a trip to Europe this summer!"

His parents were thrilled for him, and they asked all about the trip. Tim told them everything he had learned that day. They were impressed by all the amazing

lugares increíbles que iba a ver.

Las semanas siguientes pasaron volando, mientras Tim y sus compañeros se preparaban para el viaje. Aprendieron sobre los distintos países que visitarían y las diferentes costumbres y culturas que conocerían.

Por fin llegó el día del viaje. Tim estaba entusiasmado cuando subió al avión con sus compañeros. Cuando este despegó, Tim miró por la ventanilla y contempló las impresionantes vistas de la ciudad. Iba a hacer el viaje de su vida. Estaba impaciente por ver qué aventuras le esperaban en Europa.

sights he would get to see.

The next few weeks went by in a blur as Tim and his classmates prepared for their trip. They learned about the different countries they would be visiting and the different customs and cultures they would encounter.

Finally, the day of the trip arrived. Tim was filled with excitement as he boarded the plane with his classmates. As the plane took off, Tim gazed out the window, taking in the stunning views of the city below. He was going on the trip of a lifetime. He couldn't wait to see what adventures awaited him in Europe.

¿?

¿Qué tiempo hacía el día de la noticia de la excursión escolar de Tim?

What was the weather like on the day of Tim's school trip announcement?

¿Qué soñaba hacer Tim antes del anuncio del viaje escolar?

What did Tim dream of doing before the announcement of the school trip?

¿Cómo se sintió Tim al enterarse de la noticia de la excursión?

How did Tim feel when he heard the news of the school trip?

¿Qué anunció la profesora de Tim a clase?

What did Tim's teacher announce to the class?

¿Qué países se mencionaban en el viaje escolar?

What countries were mentioned in the school trip?

¿Cuál fue la reacción de Tim cuando se enteró de que se alojarían en el castillo del Conde Drácula?

What was Tim's reaction when he heard that they would be staying in Count Dracula's castle?

¿Cómo reaccionaron los padres de Tim ante la noticia del viaje escolar?

How did Tim's parents react to the news of the school trip?

¿Qué hicieron Tim y sus

What did Tim and his

9

compañeros para preparar el viaje?

classmates do to prepare for the trip?

¿Cómo se sintió Tim al subir al avión?

How did Tim feel as he boarded the plane?

¿Qué esperaba experimentar Tim durante su viaje a Europa?

What did Tim hope to experience during his trip to Europe?

Audio track

Capítulo 2

El Inicio de la Aventura
The Adventure Begins

El vuelo a Francia fue largo, pero Tim estaba entusiasmado y no le importó esperar en absoluto. Se pasó todo el vuelo mirando por la ventanilla, contemplando las impresionantes vistas desde lo alto de las nubes.

"¡Vaya, no me puedo creer que por fin vayamos a Francia!", le dijo Tim a Sam, que estaba sentada cerca.

"¡Estoy deseando ver la Torre Eiffel!", contestó Sam.

"¡Yo también! Y probar toda la deliciosa comida francesa", dijo Tim.

"¡Sí, cruasanes y baguettes

The flight to France was long, but Tim was filled with excitement and didn't mind the time at all. He spent the entire flight looking out the window, taking in the stunning views from high above the clouds.

"Wow, I can't believe we're finally going to France!" Tim said to Sam, who was sitting nearby.

"I'm so excited to see the Eiffel Tower!" Sam answered.

"Me too! And try all the delicious French food," Tim said.

"Yeah, croissants and

a diario!".

"Jaja, no sé si todos los días, ¡pero desde luego muchos!".

Por fin llegaron a Francia. El corazón de Tim se aceleró al bajar del avión y dar sus primeros pasos en un país extranjero.

La primera parada del viaje fue París. Tim estaba maravillado mientras recorría las calles de la ciudad, contemplando la belleza y la historia que le rodeaban. Visitaron la Torre Eiffel, el Museo del Louvre y la Catedral de Notre-Dame. Tim quedó maravillado por la belleza de cada lugar.

El grupo también hizo un recorrido en barco por el río Sena. Tim quedó cautivado por las impresionantes vistas de la

baguettes every day!"

"Haha, I don't know about every day, but definitely a lot!"

Finally, they arrived in France. Tim's heart raced as he stepped off the plane and took his first steps in a foreign country.

The first stop on the trip was Paris. Tim was in awe as he walked the streets of the city, taking in the beauty and history that surrounded him. They visited the Eiffel Tower, the Louvre Museum, and the Notre-Dame Cathedral. Tim was amazed by the beauty of each one.

The group also took a boat tour of the Seine River. Tim was captivated by the stunning views of the city

ciudad desde el agua. No podía creer que estuviera realmente en París, una ciudad que solo había visto en fotos y sobre la que solo había leído en libros.

Tras unos días en París, el grupo tomó un tren hacia Italia, donde pasarían la siguiente parte del viaje. Tim estaba entusiasmado por conocer un país nuevo y experimentar una cultura diferente.

En Italia visitaron muchas ciudades hermosas, como Roma, Florencia y Venecia. Vieron monumentos famosos como el Coliseo, la Ciudad del Vaticano y la Galería Uffizi. Tim estaba asombrado de la riqueza histórica y artística que le rodeaba.

"¿Te puedes creer lo bonita que es Italia?", le dijo a Sam.

"Todo es impresionante",

from the water. He couldn't believe he was actually in Paris, a city he had only ever seen in pictures and read about in books.

After a few days in Paris, the group took a train to Italy, where they would be spending the next part of the trip. Tim was excited to see a new country and to experience a different culture.

In Italy, they visited many beautiful cities, including Rome, Florence, and Venice. They saw famous landmarks like the Colosseum, the Vatican City, and the Uffizi Gallery. Tim was in awe of the rich history and art that surrounded him.

"Can you believe how beautiful Italy is?" he said to Sam.

respondió Sam.

"¡Y la comida es increíble! Podría comer pizza y pasta todos los días".

"¡Lo mismo digo! Y no te olvides del helado".

Uno de los mejores momentos del viaje para Tim fue el paseo en góndola por los canales de Venecia. El gondolero cantaba hermosas canciones italianas mientras se deslizaban por el agua, y Tim quedó encantado con la belleza de la ciudad.

"Everything is just stunning!" Sam answered.

"And the food is amazing! I could eat pizza and pasta every day."

"Same here! And don't forget about gelato!"

One of the highlights of the trip for Tim was a gondola ride through the canals of Venice. The gondolier sang beautiful Italian songs as they glided through the water, and Tim was enchanted by the beauty of the city.

¿?

¿Qué le pareció a Tim el vuelo a Francia?

¿Cuál fue la primera parada del viaje escolar y qué monumentos visitaron allí?

¿Qué le pareció a Tim la

How did Tim feel about the flight to France?

What was the first stop on the school trip, and which landmarks did they visit there?

How did Tim feel about the

excursión en barco por el río Sena?

¿Adónde fue el grupo después de salir de París, y qué ciudades visitaron en ese país?

¿Cuál fue para Tim uno de los mejores momentos del viaje por Italia?

Seine River boat tour?

Where did the group go after leaving Paris, and which cities did they visit in that country?

What was one of the highlights of the trip for Tim in Italy?

Capítulo 3

Un viaje a Transilvania
A Journey to Transylvania

Tras sus geniales experiencias en Francia e Italia, Tim y sus compañeros se dirigían a su destino final: Transilvania. Transilvania se encontraba en el noroeste de Rumania. Habían oído rumores de un misterioso castillo situado en el corazón de la región, y estaban ansiosos por explorarlo.

Cuando llegaron a Transilvania, vieron las ondulantes colinas y los densos bosques que rodeaban el castillo. Tim no pudo evitar sentir una sensación de ansiedad mientras se

After their cool experiences in France and Italy, Tim and his classmates were headed to their final destination: Transylvania. Transylvania was located in the Northwest of Romania. They had heard rumors of a mysterious castle located in the heart of the region, and they were eager to explore it.

When they arrived in Transylvania, they saw the rolling hills and dense forests that surrounded the castle. Tim couldn't help but feel a sense of anxiety as

acercaban al castillo. Pero apartó esos sentimientos y se centró en la aventura que les esperaba.

Cuando entraron en el castillo, Tim quedó impresionado por su belleza y grandeza. Los muros eran altos e imponentes, y los pasillos estaban decorados con tapices y pinturas. Sin embargo, a medida que exploraban el castillo, Tim empezó a sentir de nuevo una creciente sensación de ansiedad.

"¡Vaya, este castillo es realmente misterioso!", le dijo a Sam, que caminaba cerca de él.

"Sí, pero también es muy chulo. No puedo creer que estemos en el mismo lugar donde vivió Drácula".

they approached the castle. Then he pushed those feelings aside and focused on the adventure that lay ahead.

As they entered the castle, Tim was struck by its beauty and grandeur. The walls were tall and imposing, and the halls were lined with ornate tapestries and paintings. But as they explored the castle, Tim began to feel a growing sense of anxiety again.

"Wow, this castle is really mysterious!" he said to Sam, who was walking nearby.

"Yeah, but it's also really cool. I can't believe we're in the same place where Dracula lived."

"¿Crees que sigue aquí?" dijo Tim.

"De ninguna manera, Drácula solo es un personaje de un libro. Pero es divertido imaginar que estamos explorando su castillo", respondió Sam.

"Sí, y las pinturas son increíbles. Me siento como si estuviéramos en un cuento de fantasía".

"Desde luego. Vamos a explorar más y a ver qué otros secretos esconde este castillo. Pero antes, vamos a hacernos una foto con esta gran puerta de madera. ¡Sonríe!"

En ese momento llegaron al gran salón, donde les recibió el conde en persona, el conde Drácula. Tim se sorprendió al

"Do you think he's still here?" Tim said.

"No way, Dracula was just a character in a book. But it's fun to imagine we're exploring his castle," Sam answered.

"Yeah, and the paintings are amazing. I feel like we're in a fairy tale."

"Definitely. Let's go explore more and see what other secrets this castle holds. But first, let's take a picture with this big wooden door. Smile!"

At this point, they reached the grand hall, where they were greeted by the count himself, Count Dracula. Tim was surprised to see that the count was not

ver que el conde no era en absoluto como él lo había imaginado. Era alto y regio, con unos penetrantes y fríos ojos azules y una sonrisa encantadora. Por supuesto, el hombre no era más que un actor...

"Bienvenidos a mi castillo, jóvenes viajeros. Soy el conde Drácula", dijo el conde con una sonrisa.

"Hola, conde. No esperaba que fueras tan... regio", dijo sorprendida la Sra. Smith.

"La gente suele tener una imagen determinada de mí, pero te aseguro que no soy más que un hombre", dijo el conde Drácula riendo entre dientes. "Es un placer recibirles en mi casa", continuó sonriendo.

"Gracias, conde. Estamos

at all what he had expected. He was tall and regal, with piercing cold blue eyes and a charming smile. Of course, the man was just an actor...

"Welcome to my castle, young travelers. I am Count Dracula," the count said with a smile.

"Uh, hello, Count. I wasn't expecting you to be so. . . regal," Mrs. Smith said in surprise.

"People tend to have a certain image of me in their minds, but I assure you, I am just a man," Count Dracula chuckled. "And it is a pleasure to have you all here in my home," he continued smiling.

"Thank you, Count. We're all very excited to be

todos muy contentos de estar aquí y aprender más sobre la rica historia de Transilvania", respondió la maestra.

"Ah, sí. La historia de Transilvania es muy rica, llena de magia y maravillas. Y sería un honor para mí mostrarles los alrededores y contarles las historias de mi hogar", dijo el conde Drácula con una expresión de placer en el rostro.

"Sería increíble, conde. Todos estamos impacientes por saber más", dijo la Sra. Smith con entusiasmo.

"Muy bien, empecemos", dijo el conde Drácula señalando el gran salón. "Este salón, por ejemplo, se utilizaba antiguamente para grandes bailes y eventos. Y estos cuadros de las paredes son retratos de mis

here and learn more about the rich history of Transylvania," the teacher answered.

"Ah, yes. The history of Transylvania is rich indeed, full of magic and wonder. And I would be honored to show you all around and tell you the stories of my home," Count Dracula said with an expression of pleasure on his face.

"That would be amazing, Count. We all can't wait to learn more," Mrs. Smith said eagerly.

"Very well then, let us begin," Count Dracula said gesturing to the grand hall. "This hall, for example, was once used for grand balls and events. And these paintings on the walls are portraits of my ancestors, who

antepasados, que fueron grandes líderes y gobernantes de Transilvania", continuó señalando las paredes, de donde colgaban enormes retratos.

"Vaya, es increíble. Nunca había visto nada igual", exclamó Sam.

"Me alegro de que te guste, muchacho" Dijo sonriendo el conde Drácula. "Y hay mucho más por ver. Continuemos nuestro recorrido".

were great leaders and rulers of Transylvania," he continued pointing to the walls where huge portraits were hanging.

"Wow, this is incredible. I've never seen anything like this before," Sam exclaimed.

"I am glad you like it, my boy," Count Dracula said smiling. "And there is much more to come. Let us continue our tour."

¿?

¿Adónde se dirigían Tim y sus compañeros después de sus experiencias vividas en Francia e Italia?

¿Qué oyeron sobre Transilvania antes de llegar allí?

¿Cómo se sintió Tim cuando se acercaron al castillo?

Where were Tim and his classmates headed after their experiences in France and Italy?

What did they hear about Transylvania before arriving there?

How did Tim feel as they approached the castle?

¿Qué notó Tim en el castillo cuando entraron en él?

¿De quién hablaron Tim y Sam mientras exploraban el castillo?

¿Cómo respondió Sam a la pregunta de Tim sobre la presencia de Drácula en el castillo?

¿Quién saludó a Tim y a sus compañeros en el gran salón del castillo?

¿Qué sorprendió a Tim del Conde Drácula?

¿Qué dijo el conde Drácula sobre la historia de Transilvania?

¿Qué les mostró y contó el conde Drácula a Tim y a sus compañeros durante la visita al castillo?

What did Tim notice about the castle as they entered it?

Who did Tim and Sam talk about when they were exploring the castle?

How did Sam respond to Tim's question about Dracula's presence in the castle?

Who greeted Tim and his classmates in the grand hall of the castle?

What surprised Tim about Count Dracula?

What did Count Dracula say about the history of Transylvania?

What did Count Dracula show and tell Tim and his classmates during the tour of the castle?

Capítulo 4

Una Habitación en el Ala Norte
A Room in the North Wing

Después de la visita guiada por el castillo de Drácula, Tim y Sam llegaron a la habitación que tenían reservada para pasar la noche. La habitación estaba en el ala norte del castillo.

Tim y Sam observaron la habitación con asombro. Las paredes de piedra eran gruesas y frías, y la única fuente de luz era una única vela parpadeante sobre la mesilla de noche. Los muebles eran viejos y rústicos, y había telarañas en las esquinas del techo.

"Vaya, esto parece sacado de una película de terror", dijo Tim, observando cada rincón

After the tour through Dracula's castle Tim and Sam came to the room that was reserved for them to stay overnight. The room was in the north wing of the castle.

Tim and Sam looked around the room in amazement. The stone walls were thick and cold, and the only source of light was a single flickering candle on the nightstand. The furniture was old and rustic, and there were cobwebs in the corners of the ceiling.

"Wow, this is like something out of a horror movie," Tim said, looking around the

de la habitación.

Sam se estremeció. "Lo sé, me da escalofríos. ¿Crees que realmente hay fantasmas en este castillo?".

"No lo sé", dijo Tim, "pero he oído que el mismísimo conde Drácula ronda por estos pasillos".

Sam tragó saliva, pero intentó sonreír. "Espero que no venga a visitarnos esta noche".

De repente, llamaron con fuerza a la puerta.

"¿Quién será?" dijo Tim.

Sam se acercó a la puerta y la abrió. Allí, de pie en el pasillo, estaba la señora Smith.

"Hola, chicos", dijo con una sonrisa. "Solo quería ver cómo se encuentran y asegurarme de que se están adap-

room.

Sam shuddered. "I know, it's giving me the creeps. Do you think there are really ghosts in this castle?"

"I don't know," Tim said, "but I heard that Count Dracula himself haunts these halls."

Sam gulped but tried to smile. "I hope he doesn't come visit us tonight."

Suddenly, there was a loud knock at the door.

"Who could that be?" Tim said.

Sam walked to the door and opened it. There, standing in the hallway, was Mrs. Smith.

"Hello, boys," she said with a smile. "I just wanted

tando bien".

Tim y Sam respiraron aliviados. "Estamos bien, señora Smith", dijo Tim. "Solo un poco asustados por la visita".

La señora Smith se rio. "Me lo imagino. Este castillo puede hacerte sentir como si formara parte de ti. Pero no se preocupen, es solo por diversión".

También dijo que otros niños de su grupo consiguieron habitaciones en otras partes del castillo. La Sra. Smith consiguió una habitación en la Torre Sangrienta, situada cerca del antiguo puente de piedra.

"Ahora vamos a visitar el pueblo cercano para comprar algunos recuerdos en el mercado", continuó la Sra. Smith. "El autobús sale dentro de diez

to check on you and make sure you're settling in okay."

Tim and Sam breathed a sigh of relief. "We're fine, Mrs. Smith," Tim said. "Just a little spooked from the tour."

Mrs. Smith chuckled. "I can imagine. This castle can make you feel like it's a part of you. But don't worry, it's all just for fun."

She also said that other children from their group got rooms in other parts of the castle. Mrs. Smith got a room in the Bloody Tower that was located near the ancient stone bridge.

"We are going to visit the nearby village now to buy some souvenirs at the local people's market," Mrs. Smith continued. "The bus is

minutos".

Al cabo de unos minutos, los niños y la profesora subieron al autobús y este se puso en marcha hacia el pueblo. La carretera atravesaba un bosque. Los árboles a ambos lados de la carretera eran altos e imponentes, proyectando largas sombras sobre la hierba. El sol se estaba poniendo, pintando el cielo con tonos rojos y anaranjados, que contrastaban con el verde oscuro del bosque. A veces, cuando el autobús atravesaba un bosque espeso, estaba muy oscuro. Pero cuando la carretera atravesaba praderas, el cielo rojo parecía una enorme tienda de campaña puesta sobre las montañas. A veces el bosque negro parecía cerrarse en torno a la carretera, amenazando con tragarse a

leaving in ten minutes."

In several minutes the children and the teacher got on the bus and the bus started for the village. The road went through a forest. The trees on either side of the road were tall and imposing, casting long shadows across the grass. The sun was setting down, painting the sky with shades of red and orange, which contrasted with the dark green of the forest. Sometimes, when the bus was going through a thick forest, it was very dark. But when the road went through meadows, the red sky above looked like a huge tent that was put over the mountains. Sometimes the black forest seemed to be closing in around the road, threatening

cualquiera que se atreviera a ir demasiado lejos. Pero a pesar de los árboles oscuros, la carretera tenía una belleza inquietante. Los últimos rayos del sol poniente bailaban entre los árboles, proyectando sombras parpadeantes sobre la carretera. El aire era fresco y agradable.

to swallow up anyone who dared to go too far. But despite the dark trees, the road had a haunting beauty. The last rays of the setting sun danced through the trees, casting flickering shadows across the road. The air was cool and refreshing.

¿?

¿Dónde estaba situada la habitación de Tim y Sam?

Where was the room for Tim and Sam located?

¿Cuál era la fuente de luz de la habitación?

What was the source of light in the room?

¿En qué estado se encontraban los muebles de la habitación?

What was the condition of the furniture in the room?

¿A quién oyó Tim rondando por los pasillos del castillo?

Who did Tim hear haunts the halls of the castle?

¿Dónde consiguió la Sra. Smith tener una habitación en el

Where did Mrs. Smith

castillo?

¿Adónde iban de visita los niños?

¿Cómo describirías la belleza del camino?

get a room in the castle?

Where were the children going to visit?

How would you describe the road's beauty?

Capítulo 5

El Encuentro con Manah
The Meeting with Manah

El mercado estaba situado en la plaza del pueblo, que solo estaba iluminado por el cielo rojo del atardecer. Había hileras de puestos que vendían suvenires tradicionales rumanos, como juguetes de madera, figuritas talladas a mano y ropa bordada. También había puestos que vendían miel, vino y quesos de fabricación local. El olor a pan recién horneado flotaba en el aire, tentando a los hambrientos compradores a detenerse y probar los productos.

The market was in the village square, which was only lit up with the red evening sky. There were rows of stalls selling traditional Romanian souvenirs, such as wooden toys, hand-carved figurines, and embroidered clothing. There were also stalls selling locally made honey, wine, and cheeses. The smell of freshly baked bread wafted through the air, tempting hungry shoppers to stop and sample the wares.

A medida que avanzaba la tarde, el mercado se animaba aún más. Los músicos empezaron a tocar música tradicional rumana y la gente se reunió para bailar y cantar. El ambiente era festivo y alegre, con gente de todas las edades disfrutando de esa cálida tarde de verano.

El mercado también era un lugar estupendo para comprar suvenires únicos relacionados con el Conde Drácula. Había puestos que vendían réplicas en miniatura del castillo, así como camisetas, tazas y llaveros de temática vampírica. Para los más aventureros, había incluso puestos que vendían cabezas de ajo y joyas de plata que, según decían, protegían de los vampiros.

As the evening wore on, the market became even more lively. Musicians began to play traditional Romanian music, and people gathered around to dance and sing. The atmosphere was festive and joyful, with people of all ages enjoying the warm summer evening.

The market was also a great place to buy unique souvenirs related to Count Dracula. There were stalls selling miniature replicas of the castle, along with vampire-themed T-shirts, mugs, and keychains. For those feeling more adventurous, there were even stalls selling garlic bulbs and silver jewelry, said to protect against vampires.

"Vaya, mira todos estos suvenires. ¡Son tan chulos!". dijo Sam.

"¡Lo sé! Eh, ¿qué es esa muñeca de madera de ahí?". preguntó Tim.

"Ah, estás mirando a Manah. Es muy especial", contestó el vendedor.

"¿Qué tiene de especial?".

"Bueno, Manah fue hecha por Geppetto, el mismo que hizo a Pinocho. Geppetto visitó esta aldea hace unos doscientos años y le hizo esta muñeca a mi antepasado para protegerle a él y a su familia", continuó el vendedor.

Manah era una muñeca de madera con la cara pálida y lisa y unos profundos ojos negros. Su pelo estaba hecho de finas y delicadas hebras de madera

"Wow, look at all of these souvenirs. They're so cool!" Sam said.

"I know! Hey, what's that wooden doll over there?" Tim asked.

"Ah, you're looking at Manah. He's quite special," the seller answered.

"What's so special about him?"

"Well, Manah was made by Geppetto, the same man who made Pinocchio. Geppetto visited this village about two hundred years ago and made this doll for my ancestor to protect him and his family," the seller continued.

Manah was a wooden doll with a pale, smooth face and deep black eyes. His hair was made of thin, delicate

peinadas en un corto corte recto. Llevaba un sencillo vestido de tela suave que cubría su estructura de madera.

"Lo que diferencia a Manah de las demás muñecas es su increíble capacidad para proteger de los poderes oscuros. Cuando se acerca el peligro, sus largos brazos se estiran aún más, haciéndose más largos y flexibles de lo que cabría esperar de una muñeca de madera. Esto le permite atrapar y retener a los que van a dañar a su amo. Muchos creen que esta extraordinaria habilidad proviene de la madera utilizada para crear a Manah. Geppetto seleccionó cuidadosamente un tipo especial de madera, impregnada de magia protectora", añadió el vende-

strands of wood that were styled into a short bob. He wore a simple dress made of soft fabric that draped over his wooden frame.

"What sets Manah apart from other dolls is his incredible ability to protect against dark powers. When danger is near, his long arms will stretch out even further, becoming longer and more flexible than one would think is possible for a wooden doll. This allows him to catch and hold those who are going to harm his master. Many believe that this extraordinary ability comes from the wood used to create Manah. Geppetto carefully selected a special type of wood, one that was infused with protective magic," the

dor.

Ya fuera por su mirada penetrante o por sus habilidades de otro mundo, Manah era una muñeca realmente extraordinaria.

"¿Puedo comprarla?" preguntó Tim.

"Me temo que no puedo vender a Manah. Es demasiado valiosa y sentimental para mí", respondió el vendedor. "Por favor, elige cualquiera de los suvenires de mi puesto y estaré encantado de vendértela".

"Tengo una cámara nueva y cara. Estaría dispuesto a cambiarla por Manah", ofreció Tim, y le mostró la cámara al vendedor.

"Hmm, es toda una oferta. Déjame pensarlo un momento", respondió el vendedor

seller added.

Whether it was his piercing gaze or his otherworldly abilities, Manah was a truly remarkable doll.

"Can I buy him?" Tim asked.

"I'm afraid I cannot sell Manah. He's too valuable and sentimental to me," the seller answered. "Please, choose any of the souvenirs in my stall and I will be happy to sell them."

"I have a new and expensive camera. I would be willing to trade it for Manah," Tim offered and showed the camera to the seller.

"Hmm, that's quite an offer. Let me think about it for a moment," the seller

mirando detenidamente la cámara. Tras pensárselo un momento, el vendedor asintió con la cabeza.

"De acuerdo, te cambio a Manah por tu cámara.

Pero recuerda que Manah es...".

De repente, se oyó un fuerte aullido. Al principio, era lejano y débil, pero a medida que aumentaba de volumen, la gente empezó a fijarse en él. Un aullido de lobo resonó en el bosque, rebotando en los árboles y las colinas, y llegó hasta el mercado del pueblo. Los músicos dejaron de tocar. Las madres abrazaron a sus hijos pequeños y empezaron a dirigirse a casa, mientras los vendedores empezaban a cerrar sus puestos, empaquetando sus

answered looking carefully at the camera. After a moment of thought, the seller nodded his head.

"Alright, I'll trade you Manah for your camera.

But remember, Manah is..."

Suddenly a loud howling was heard. At first, it was distant and faint, but as it grew louder, the people began to take notice. The howling of the wolf echoed through the forest, bouncing off the trees and hills, and carried all the way to the market in the village. Musicians stopped playing music. Mothers clutched their little children close and began making their way towards home, while the sellers started to close their stalls, packing up their goods and

mercancías y abandonando el mercado. En un minuto casi no quedaba nadie.

leaving the market. In a minute there was almost nobody left there.

¿?

¿Qué recuerdos tradicionales rumanos se vendían en el mercado?

What traditional Romanian souvenirs were being sold at the market?

¿Qué tipo de comida se vendía en el mercado?

What types of food were being sold at the market?

¿Qué ambiente había en el mercado?

What was the atmosphere like at the market?

¿Qué suvenires únicos relacionados con el Conde Drácula se vendían en el mercado?

What unique souvenirs related to Count Dracula were being sold at the market?

¿Quién hizo la muñeca de madera llamada Manah?

Who made the wooden doll named Manah?

¿Qué hace que Manah sea una muñeca especial?

What makes Manah a special doll?

¿Por qué se negó el vendedor a vender a Manah al

Why did the seller re-

principio?

¿Qué ofreció Tim a cambio de Manah?

¿Qué ocurrió cuando se oyó el aullido de un lobo?

fuse to sell Manah at first?

What did Tim offer to trade for Manah?

What happened when the howling of a wolf was heard?

Capítulo 6

El Cuento para Dormir del Conde Drácula
Count Dracula's Bedtime Story

Tim y Sam estaban tumbados en sus camas, completamente despiertos en la habitación poco iluminada del castillo del conde Drácula.

Tim and Sam were both lying in their beds, wide awake in the dimly lit room of Count Dracula's castle.

"Sam, ¿oyes eso?" preguntó Tim.

"Sam, do you hear that?" Tim asked.

"¿El qué?"

"What?"

"Alguien está llamando a la puerta", dijo Tim.

"Someone's knocking on the door," Tim said.

Sam se sentó en la cama y escuchó atentamente. También él oía el débil sonido de unos golpes procedentes de la puerta de su habitación. Los chicos salieron de la cama y se acercaron a la puerta. Tim la abrió y ambos miraron al pasillo.

Sam sat up in bed and listened carefully. He too could hear the faint sound of knocking coming from outside their bedroom door. The boys got out of bed and approached the door. Tim opened it, and they both looked out into the hallway.

Vieron una figura entre las sombras y, al acercarse, se dieron cuenta de que era el conde Drácula.

"Buenas noches", dijo el conde Drácula.

"Buenas noches, conde Drácula", respondieron Tim y Sam al unísono.

"Pido disculpas por las molestias. ¿Puedo pasar?"

"Sí, claro."

El conde Drácula entró en la habitación donde Tim y Sam se preparaban para acostarse.

"Esta noche tengo un cuento especial para ustedes", dijo el conde señalando las sillas. "Siéntense y escuchen".

Los chicos se miraron y se sentaron en las sillas.

"Érase una vez un científi-

They saw a figure standing in the shadows, and as it got closer, they realized that it was Count Dracula.

"Good evening," Count Dracula said.

"Good evening, Count Dracula," Tim and Sam replied in unison.

"I apologize for the disturbance. May I come in?"

"Yes, please,"

Count Dracula entered the room where Tim and Sam were getting ready for bed.

"Tonight, I have a special bedtime story for you," the count said, gesturing to chairs. "Sit down and listen."

The boys looked at each other and sat down on the chairs.

"Once upon a time,

co llamado Griffin que descubrió una forma de hacerse invisible. Al principio, pensó que sería una bendición. Sin embargo, pronto se dio cuenta de que ser invisible tenía sus desventajas", empezó el conde.

Los chicos escucharon atentamente mientras el conde desarrollaba su historia del hombre invisible, describiendo cómo Griffin utilizó sus nuevos poderes tanto para el bien como para el mal.

"Podía escabullirse sin ser detectado. Pero su invisibilidad también le convirtió en un marginado", continuó el conde. "Griffin empezó a perder el contacto con la realidad".

Los chicos estaban fascinados por la historia y esperaban con impaciencia saber

there was a scientist named Griffin who discovered a way to become invisible. At first, he thought it would be a blessing. However soon he realized that being invisible had its downsides," the count began.

The boys listened intently as the count weaved his tale of the invisible man, describing how Griffin used his newfound powers for both good and evil.

"He was able to sneak around undetected. But his invisibility also made him an outcast," the count continued. "Griffin began to lose touch with reality."

The boys were fascinated by the story and eagerly

cómo acababa.

"El clímax de la historia ocurrió cuando los planes de venganza de Griffin fueron demasiado lejos, y se convirtió en un criminal buscado. Se dio cuenta de que su invisibilidad le había hecho más vulnerable que nunca", concluyó el conde.

Los chicos se quedaron embelesados con la historia del hombre invisible. Permanecieron en silencio unos instantes, asimilándolo todo.

"Gracias, conde Drácula", dijo finalmente Sam. "Ha sido una historia increíble".

"Sí, gracias", añadió Tim bostezando.

"De nada, chicos", dijo el conde con una sonrisa. "Ahora es hora de que duerman un

waited to hear how it ended.

"The climax of the story happened when Griffin's plans for revenge went too far, and he became a wanted criminal. He realized that his invisibility had made him more vulnerable than ever before," the count concluded.

The boys were both spellbound by the tale of the invisible man. They sat in silence for a few moments, taking it all in.

"Thank you, Count Dracula," Sam finally spoke up. "That was an amazing story."

"Yes, thank you," Tim added with a yawn.

"You're welcome, boys," the count said with a smile.

poco".

Cuando el conde Drácula se disponía a salir de la habitación de los chicos, se volvió hacia ellos y les habló en tono serio:

"Ahora, chicos, debo advertirles que en este castillo hay muchos poderes oscuros en movimiento.

Pero espero que la historia que he compartido con ustedes esta noche les haya enseñado que un gran poder conlleva una gran responsabilidad".

Tim y Sam asintieron, intentando comprender la advertencia del conde.

"Les deseo a ambos un sueño tranquilo y sin interrup-

"Now, it's time for you to get some sleep."

As Count Dracula prepared to leave the boys' room, he turned to them and spoke in a serious tone,

"Now, boys, I must warn you that there are many dark powers at play in this castle.

But I hope that the tale I shared with you tonight has taught you that with great power comes great responsibility."

Tim and Sam nodded, trying to understand the count's warning.

"I wish you both a peaceful and undisturbed

ciones", dijo el conde Drácula mientras se dirigía hacia la puerta.

"Gracias, conde Drácula", dijeron los chicos al unísono.

El conde hizo una pausa y se volvió hacia ellos. "Recuerden, si alguna vez sienten miedo en este castillo, no duden en venir a buscarme".

Los chicos sonrieron, agradecidos por la oferta de ayuda del conde.

"Buenas noches, chicos", dijo el conde Drácula con una sonrisa, y, acto seguido, salió de la habitación.

Al cerrarse la puerta, Tim y Sam se sintieron reconfortados al saber que tenían al conde Drácula, a quien recurrir, si alguna vez necesitaban ayuda.

sleep," Count Dracula said as he headed towards the door.

"Thank you, Count Dracula," the boys said in unison.

The count paused and turned back towards them. "Remember, if you ever feel afraid in this castle, don't hesitate to come find me."

The boys smiled, grateful for the count's offer of help.

"Good night, boys," Count Dracula said with a smile, and then he left the room.

As the door closed, Tim and Sam felt a sense of comfort knowing that they had Count Dracula to turn to if they ever needed help.

Mientras se acomodaban en sus camas, el viento aullaba fuera y la vela parpadeaba. Tim y Sam intentaron ignorar el crujido de las tablas del suelo y los crujidos de las paredes, pero no pudieron evitar sentirse observados.

Justo cuando estaban a punto de dormirse, oyeron un ruido extraño procedente de la ventana. Miraron y vieron un par de ojos brillantes que les devolvían la mirada.

Gritaron y se acurrucaron bajo las sábanas, demasiado asustados como para moverse. Pero mientras esperaban aterrorizados, se dieron cuenta de que los ojos no pertenecían más que a un simpático murciélago, que había entrado volando por la ventana abierta.

As they settled into their beds, the wind howled outside and the candle flickered. Tim and Sam tried to ignore the creaking floorboards and the rustling sounds in the walls, but they couldn't help feeling like they were being watched.

Just as they were about to drift off to sleep, they heard a strange noise coming from the window. They looked over and saw a pair of glowing eyes staring back at them.

They screamed and huddled together under the covers, too scared to move. But as they waited in terror, they realized that the eyes belonged to nothing more than a friendly bat, who had flown in through the open window.

Aliviados, Tim y Sam se rieron de sí mismos por estar tan asustados. Cerraron los ojos y se quedaron dormidos, esperando que los oscuros poderes del castillo no perturbaran su tranquilo sueño. Se durmieron con el murciélago volando por la habitación, felices de pasar una noche en el infame castillo del Conde Drácula.

Relieved, Tim and Sam laughed at themselves for being so scared. They closed their eyes and drifted off to sleep, hoping that the dark powers of the castle would not disturb their peaceful slumber. They fell asleep with the bat flying around the room, happy to be spending a night in the infamous Count Dracula's castle.

¿?

¿Quién llamaba a la puerta de la habitación de los chicos?

Who was knocking on the door outside the boys' bedroom?

¿Qué cuento especial les contó el conde Drácula a los chicos?

What special bedtime story did Count Dracula tell the boys?

¿Qué le ocurrió a Griffin en el cuento?

What happened to Griffin in the story?

¿Qué advertencia les hizo

What warning did Count

el conde Drácula a los chicos antes de salir de la habitación?

¿Qué vieron Tim y Sam por la ventana que les asustó?

¿Cómo se sintieron Tim y Sam cuando se fueron a dormir?

Dracula give to the boys before he left their room?

What did Tim and Sam see outside their window that scared them?

How did Tim and Sam feel as they went to sleep?

Capítulo 7

Tim en Busca de Sam
Tim Is Searching for Sam

Los ojos de Tim se abrieron en medio de la oscuridad, la luna proyectaba un tenue resplandor a través de la ventana del viejo castillo. Se sentó en la cama, con el sonido de su propia respiración resonando en sus oídos. Algo no iba bien.

Tim miró hacia la cama de al lado y vio que estaba vacía. El pánico se apoderó de su corazón al recordar que Sam, su amigo, había estado durmiendo allí hacía solo unas horas.

"¿Sam?", susurró, con una

Tim's eyes flickered open in the darkness, the moon casting a dim glow through the window of the old castle. He sat up in bed, the sound of his own breathing echoing in his ears. Something was not right.

Tim glanced over to the bed beside him and saw that it was empty. Panic gripped his heart as he remembered that Sam, his friend, had been sleeping there just a few hours ago.

"Sam?" he whispered,

voz apenas audible en la silenciosa habitación. No obtuvo respuesta.

Tim levantó las piernas de la cama y el frío suelo de piedra le produjo escalofríos. Se levantó y sus ojos se adaptaron a la tenue luz. Sabía que tenía que encontrar a Sam.

Cuando se puso de puntillas y caminó hacia la puerta, oyó un sonido débil, como un gemido. Se quedó inmóvil, aguzando el oído. Procedía del pasillo exterior. Respiró hondo y salió al pasillo.

El castillo estaba en silencio, el único sonido era el eco de sus pasos al avanzar por el frío suelo de piedra. Nunca se había sentido tan solo y vulnerable en su vida. Solo pensaba en encontrar a Sam.

his voice barely audible in the silent room. No answer came.

Tim swung his legs out of bed, the cold stone floor sending shivers up his spine. He stood up, his eyes adjusting to the dim light. He knew he had to find Sam.

As he tiptoed towards the door, he heard a faint sound, like a whimper. He froze, straining his ears. It came from the hallway outside. He took a deep breath and stepped into the corridor.

The castle was silent, the only sound the echo of his footsteps as he moved along the cold stone floor. He had never felt so alone and vulnerable in his life. The only thing on his mind was

Al girar una esquina, vio una débil luz un poco más adelante. Aceleró el paso, esperando que fuera Sam. La luz se hizo más brillante y pudo ver que procedía de una habitación situada al final del pasillo.

Empujó la puerta y entró. La habitación estaba vacía, pero la luz procedía de una vela que había sobre la mesa. No se veía a Sam por ninguna parte.

El corazón de Tim se encogió al darse cuenta de que seguía solo. Buscó frenéticamente por la habitación, gritando el nombre de Sam, pero no obtuvo respuesta. Estaba a punto de marcharse cuando notó algo extraño en la vela. Seguía ardiendo, pero la cera se había derretido y mostraba

finding Sam.

As he turned a corner, he saw a faint light up ahead. He quickened his pace, hoping that it was Sam. The light grew brighter, and he could see that it was coming from a room at the end of the corridor.

He pushed the door open and stepped inside. The room was empty, but the light was coming from a candle on the table. Sam was nowhere to be seen.

Tim's heart sank as he realized that he was still alone. He searched the room frantically, calling out Sam's name, but there was no answer. He was about to leave when he noticed something strange about the candle. It was still burning, but the

un mensaje grabado en la madera de la mesa.

"Sigue el rastro", decía.

A Tim le dio un vuelco el corazón. ¿Qué rastro? Miró alrededor de la habitación, pero no se veía nada. Entonces vio una débil línea en el suelo que salía de la habitación. Era casi invisible, pero pudo distinguirla a la luz de las velas.

Siguió la línea, con el corazón acelerado. Le condujo por pasillos oscuros y sinuosos, subiendo y bajando escaleras. Se sentía como en un laberinto, el castillo parecía cambiar a su alrededor.

Finalmente, llegó hasta una puerta al final de un largo pasillo. La línea conducía direc-

wax had melted down to reveal a message etched into the wood of the table.

"Follow the trail," it read.

Tim's heart skipped a beat. What trail? He looked around the room, but there was nothing to be seen. Then he noticed a faint line on the floor, leading out of the room. It was almost invisible, but he could just make it out in the candlelight.

He followed the line, his heart racing. It led him through dark, winding corridors and up and down staircases. He felt as though he were in a maze, the castle seeming to shift and change around him.

Finally, he came to a door at the end of a long

tamente a través de ella. Tim quiso abrir la puerta, pero entonces oyó unas voces detrás de ella. Miró por la rendija de la puerta. Vio a Drácula, que estaba de pie en el gran salón del castillo, con su mirada penetrante escrutando a la multitud de invitados que llenaban la sala.

"Bienvenidos, mis queridos amigos", exclamó, y su voz resonó en la sala. "Se me hiela el corazón al ver semejante reunión de leyendas y pesadillas".

La Momia avanzó arrastrando los pies, mientras sus vendas crujían al hablar. "No nos lo perderíamos por nada del mundo, conde Drácula. Es un honor ser invitados a la celebración de tu noche de

hallway. The line led straight through it. Tim wanted to open the door, but then he heard some voices behind it. He looked into a crack in the door. He noticed Dracula, who stood in the grand hall of the castle, his piercing gaze scanning the crowd of guests that filled the hall.

"Welcome, my dear friends," he called out, his voice echoing through the hall. "It freezes my heart to see such a gathering of legends and nightmares."

The Mummy shuffled forward, his bandages rustling as he spoke. "We wouldn't miss it for the world, Count Dracula. It's an honor to be invited to your

nacimiento".

El Hombre Lobo soltó un gruñido grave mientras se adelantaba. "Estoy de acuerdo. Puede que seamos criaturas de la noche, pero hasta nosotros sabemos divertirnos".

El Hombre Invisible soltó una risita, y su voz pareció surgir de la nada. "Puedo asegurarte, conde Drácula, que todos hemos venido a pasarlo bien".

Freddy Krueger se inclinó el sombrero hacia delante y sus afiladas garras brillaron a la luz de las velas. "Y quizá a hacer alguna travesura", añadió con una sonrisa socarrona.

Chucky, el muñeco, soltó una carcajada mientras avanzaba contoneándose. "¡Yo solo quiero bailar!", exclamó, mien-

birthnight celebration."

The Wolf Man let out a low growl as he stepped forward. "I agree. We may be creatures of the night, but even we know how to party."

The Invisible Man chuckled, his voice seeming to come from nowhere. "I can assure you, Count Dracula, that we have all come to have a good time."

Freddy Krueger tilted his hat forward, his sharp claws glinting in the candlelight. "And maybe cause a little mischief," he added with a sly grin.

Chucky, the doll, cackled as he waddled forward. "I just want to dance!" he ex-

tras sus piernecitas rebotaban arriba y abajo.

Drácula se rio, con los ojos encendidos de diversión. "Entonces bailemos y festejemos hasta el amanecer", declaró, levantando los brazos en señal de bienvenida.

¿?

¿Por qué se levantó Tim de la cama?

¿Qué oyó Tim en el pasillo?

¿Qué vio Tim al final del pasillo?

¿Qué le decía a Tim el mensaje de la mesa?

¿Qué encontró Tim al final de la línea en el suelo?

¿Qué vio Tim cuando mi-

claimed, his little legs bouncing up and down.

Dracula laughed, his eyes alight with amusement. "Then let's dance and feast until the dawn," he declared, raising his arms in welcome.

Why did Tim get out of bed?

What did Tim hear in the hallway?

What did Tim see at the end of the corridor?

What did the message on the table tell Tim to do?

What did Tim find at the end of the line on the floor?

What did Tim see when he looked into the crack in the

ró por la rendija de la puerta? door?

¿Quiénes eran los invita-
dos en el gran salón del castillo?

Who were the guests in
the grand hall of the castle?

Capítulo 8

La Noche del Cumpleaños del Conde Drácula
Count Dracula's Birthnight

Los invitados de Drácula los habían rodeado, a Sam y a él, con las copas vacías extendidas mientras parecían estar hambrientos. El propio Drácula había colocado a Sam sobre un barril, en el centro de la sala, con una sonrisa perversa en el rostro mientras señalaba a sus invitados.

Sam se estremeció de miedo, sus ojos recorrieron la habitación intentando encontrar una forma de escapar. Pero no había esperanza: los invitados le habían rodeado y el propio Drácula montaba guardia.

Dracula's guests had surrounded him and Sam, their empty glasses held out eagerly as they looked on hungrily. Dracula himself had placed Sam on a barrel in the center of the room, a wicked grin on his face as he gestured to his guests.

Sam shivered in fear, his eyes darting around the room as he tried to find a way to escape. But there was no hope—the guests had surrounded him, and Dracula himself stood guard.

"¡Feliz noche de cumpleaños, Drácula!", gritaron los invitados al unísono, haciendo resonar sus voces por toda la habitación.

Drácula sonrió ampliamente y sus colmillos brillaron en la penumbra. "Gracias, amigos míos", dijo. "Sabía que podía contar con ustedes para recordar mi noche especial".

La Momia se adelantó, y sus vendas crujieron al moverse. "Te he traído un regalo especial" dijo, tendiéndole un pequeño paquete envuelto.

Drácula cogió el paquete y lo desenvolvió lentamente, sus ojos se abrieron de par en par al ver lo que había dentro. Era una capa nueva, hecha de la seda más fina, y bordada con hilo de

"Happy birthnight, Dracula!" the guests cried out in unison, their voices echoing through the room.

Dracula grinned widely, his fangs glinting in the dim light. "Thank you, my friends," he said. "I knew I could count on you to remember my special night."

The Mummy stepped forward, his bandages rustling as he moved. "I have brought you a special gift," he said, holding out a small, wrapped package.

Dracula took the package and unwrapped it slowly, his eyes widening as he saw what was inside. It was a new cape, made from the finest silk and embroidered

plata.

"Dios mío", dijo Drácula, pasando los dedos por la suave tela. "Es absolutamente hermosa. Gracias, mi querido amigo".

El Hombre Lobo se adelantó a continuación, gruñendo mientras hablaba. "Yo también tengo una sorpresa para ti", dijo, mostrando una pequeña botella de líquido. "Es una poción que te hará poderoso a la luz del día. Sabemos cuánto te gusta correr riesgos".

Drácula cogió la botella y la examinó detenidamente. "Qué considerados", dijo, con los ojos brillantes de emoción. "Estoy impaciente por probarla".

El Hombre Invisible rio suavemente. "Yo también tengo una sorpresa", dijo y mostró un pequeño gato negro. "Este es

"My goodness," Dracula said, running his fingers over the soft fabric. "This is absolutely beautiful. Thank you, my dear friend."

The Wolf Man stepped forward next, growling as he spoke. "I also have a surprise for you," he said, holding out a small bottle of liquid. "It's a potion that will make you powerful by daylight. We know how much you enjoy a good challenge."

Dracula took the bottle and examined it closely. "How thoughtful of you," he said, his eyes shining with excitement. "I can't wait to try it out."

The Invisible Man chuckled softly. "And I have a surprise too," he said and showed a small, black cat.

Sombra: es un gato mágico que puede ayudarte a tener reflejo en el espejo. Pensamos que te resultaría útil".

Drácula cogió al gato y se lo acercó, acariciando su liso pelaje. "Gracias", dijo, con la voz llena de gratitud. "Siempre saben lo que necesito. Beban, amigos míos" dijo Drácula con una risita. "Esta noche nos daremos un festín". Con estas palabras se volvió hacia Sam, que estaba de pie junto al barril. "Empecemos", dijo, con una sonrisa perversa en el rostro. Los invitados se acercaron a ellos, con las copas vacías en la mano.

Justo cuando los invitados hacían su movimiento, la puerta de la sala crujió al abrirse. Tim entró con la muñeca Manah en

"This is Shadow—he's a magical cat that can help you to have a reflection in mirror. We thought you might find him useful."

Dracula took the cat and held it close, stroking its sleek fur. "Thank you," he said, his voice filled with gratitude. "You always know just what I need. Drink up, my friends," Dracula said with a chuckle. "Tonight, we shall feast." With these words he turned to Sam who stood on the barrel. "Let's start," he said, a wicked grin on his face. The guests came closer to them, their empty glasses held out.

Just as the guests were making their move, the door to the hall creaked open. Tim stepped inside, holding the doll Manah in his hand. Mrs. Smith, his

la mano. La señora Smith, su profesora, le seguía de cerca.

"¿Qué está pasando aquí?" preguntó Tim, observando la escena con una mezcla de confusión y horror.

Drácula se volvió hacia él, con los ojos brillantes de emoción. "Ah, Tim", dijo, sonriendo perversamente. "Bienvenido a nuestra pequeña fiesta. ¿Quieres unirte a nosotros?"

Tim negó con la cabeza. "Ni hablar. ¿Qué le estás haciendo a Sam?"

Drácula se rio. "Oh, no te preocupes por él. Solo nos estamos divirtiendo un poco".

teacher, followed closely behind him.

"What is going on here?" Tim demanded, eyeing the scene with a mixture of confusion and horror.

Dracula turned to face him, his eyes gleaming with excitement. "Ah, Tim," he said, grinning wickedly. "Welcome to our little party. Won't you join us?"

Tim shook his head firmly. "No way. What are you doing to Sam?"

Dracula laughed. "Oh, don't worry about him. We're just having a bit of fun."

Pero Tim no se dejó engañar. Dio un paso adelante, sosteniendo la muñeca delante de él. "Tienes que parar esto ahora mismo", dijo con firmeza. "Manah tiene el poder de proteger a la gente.

Si no sueltas a ese chico, te arrepentirás".

Tim dio un paso al frente, manteniendo a Manah a cierta distancia. A medida que se acercaba al grupo, podía sentir cómo aumentaba su miedo. Pero sabía que tenía que mantener la calma si quería lograrlo.

Lentamente, movió los brazos extendidos de la muñeca hacia los invitados. Al principio no ocurrió nada, pero luego, lenta pero inexorablemente, las manos de Manah empezaron a

But Tim was not convinced. He took a step forward, holding the doll out in front of him. "You need to stop this right now," he said firmly. "Manah here has the power to protect people.

If you don't let that boy go, you're going to regret it."

Tim stepped forward, keeping Manah at arm's length. As he drew closer to the group, he could feel their fear growing. But he knew he had to remain calm if he wanted to succeed.

Slowly, he moved the doll's arms outstretched towards the guests. At first, nothing happened—but then, slowly but surely, Manah's hands began to

alargarse cada vez más.

Los invitados jadearon de horror, congelados en su sitio mientras veían acercarse a la muñeca. El propio Drácula retrocedió un paso, con los ojos desorbitados por la sorpresa. Las manos de Manah seguían estirándose y alargándose. De repente, los invitados que rodeaban a Sam se quedaron inmóviles cuando Manah los tocó con sus largas manos.

Drácula se adelantó, con los ojos entrecerrados por la ira. "¿Qué significa esto?" exigió, elevando la voz por encima de los susurros de los demás invitados.

Tim se adelantó, sujetando a Manah con fuerza.

grow longer and longer.

The guests gasped in horror, frozen in place as they watched the doll approach. Dracula himself took a step back, his eyes widening in surprise. Manah's hands continued to stretch and elongate. The guests around Sam were suddenly frozen in place as Manah touched them with his long hands.

Dracula stepped forward, his eyes narrowed with anger. "What is the meaning of this?" he demanded, his voice rising above the hushed whispers of the other guests.

Tim stepped forward, holding Manah tightly in his hand.

"Manah es un protector", dijo con firmeza. "No dejará que nadie haga daño a Sam ni a ningún otro inocente".

Drácula miró a Tim, luego a Manah y de nuevo a Tim. "Ya veo", dijo lentamente, con un deje de admiración en la voz. "Bien hecho, Tim. Has demostrado un gran valor ante el peligro" continuó Drácula. "Debo disculparme por mi comportamiento", dijo. "No pretendía hacer daño a Sam. Solo quería que bailara sobre el barril con sidra antes de abrirlo, siguiendo nuestra antigua tradición rumana."

Se volvió hacia sus invitados, que seguían congelados en su sitio. "Suéltalos, Manah, por favor", dijo en voz baja. Tras decir eso, Drácula les hizo un

"Manah is a protector," he said firmly. "He won't let anyone hurt Sam or any other innocent person."

Dracula looked at Tim, then at Manah, then back at Tim again. "I see," he said slowly, a hint of admiration in his voice. "Well done, Tim. You have shown great courage in the face of danger," Dracula continued. "I must apologize for my behavior," he said. "I meant no harm to Sam. I only wanted him to dance on the barrel with cyder before opening it, as is our old Romanian tradition."

He turned to his guests, who were still frozen in place. "Release them, Manah, please," he said softly. After saying that, Dracula

gesto a los músicos y empezó a bailar polka rumana al son de una hermosa música tradicional. Mostró lo hermoso que era ese baile. Las manos de Manah se retiraron lentamente y los invitados volvieron a poder moverse. Miraron a su alrededor confusos, inseguros de lo que acababa de ocurrir.

Tim miró a Drácula y luego a Sam, que seguía de pie en lo alto del barril. "Bueno", dijo con una sonrisa. "¿Por qué no bailamos todos juntos? Suena divertido".

Y así, para regocijo de todos los presentes, Tim, Sam y todos los invitados empezaron a bailar una animada polka rumana por la sala. La música aumentó, se abrió el barril de sidra y todos se unieron a la celebra-

gestured to musicians and began to dance Romanian polka to beautiful Romanian music. He showed how beautiful that dance was. Manah's hands slowly retracted, and the guests were once again able to move. They looked around confused, unsure of what had just happened.

Tim looked at Dracula, then at Sam, who was still standing at the top of the barrel. "Well," he said with a smile. "Why don't we all dance together? It sounds like fun."

And so, to the pleasure of everyone in the hall, Tim, Sam, and all guests began to dance a lively Romanian polka around the room. The music swelled, the barrel of cyder was opened, and eve-

ción de la noche del nacimiento de Drácula.

A medida que avanzaba la noche, Sam, Tim y la Sra. Smith se despidieron y abandonaron el gran salón, sintiéndose aliviados y felices por haber hecho un nuevo amigo.

ryone joined in the celebration of Dracula's birthnight.

As the night wore on, Sam, Tim and Mrs. Smith said their goodbyes and left the grand hall, feeling both relieved and happy to have made a new friend in Dracula.

¿?

¿Qué celebraban Drácula y sus invitados?

¿Por qué tenía miedo Sam?

¿Quiénes eran los invitados que le hicieron regalos a Drácula, y cuál era la naturaleza de sus regalos?

¿Qué ocurrió cuando Tim entró en la habitación y cómo utilizó a la muñeca Manah?

What was the occasion being celebrated by Dracula and his guests?

Why was Sam afraid?

Who were the guests who gave gifts to Dracula, and what was the nature of their gifts?

What happened when Tim entered the room, and how did he use the doll Manah?

¿Cómo reaccionó Drácula ante la intervención de Tim, y por qué se disculpó?

How did Dracula react to Tim's intervention, and what did he apologize for?

¿Qué hizo Drácula después de disculparse?

What did Dracula do after apologizing?

Capítulo 9

La Caja Negra
A Black Box

Al día siguiente, Sam, Tim y los demás niños salieron del castillo de Drácula, todavía un poco asustados por su estancia de una noche. Cuando salieron del castillo, el conde Drácula se encontraba despidiéndose de ellos.

"Gracias por su hospitalidad, conde Drácula. Hemos pasado un rato aterrador, pero memorable", dijo la Sra. Smith, sonriendo.

"Ha sido un placer. Vuelvan pronto a visitarnos" contestó Drácula con una reverencia.

The next day Sam, Tim and the other children made their way out of Dracula's castle, still feeling a little spooked from their one-night stay. As they made their way out of the castle, Count Dracula was seeing them off.

"Thank you for your hospitality, Count Dracula. We had a scary, but memorable time," Mrs. Smith said, smiling.

"It was my pleasure. Please come back and visit again soon," Dracula replied with a bow.

Mientras el grupo cargaba las maletas en el autobús, Drácula introdujo una cajita negra en la bolsa de la Sra. Smith sin que esta se diera cuenta. Al cabo de unos minutos, los niños y la profesora subieron al autobús y este se puso en marcha hacia el aeropuerto. Mientras salían del castillo, Tim se despedía de las ondulantes colinas y los densos bosques que lo rodeaban.

Más tarde, en el avión hacia Nueva York, Sam estaba hojeando su teléfono cuando se topó con un vídeo que había grabado accidentalmente. Era una escena de la entrada del castillo en la que Drácula introducía la cajita negra en el bolso de la Sra. Smith.

"Eh, Tim, mira esto", susu-

As the group was loading their bags onto the bus, Dracula slipped a little black box into Mrs. Smith's bag without her noticing. In several minutes the children and the teacher got on the bus and the bus started for the airport. When they were leaving the castle, Tim said goodbye to the rolling hills and dense forests that surrounded the castle.

Later in the plane to New York, Sam was scrolling through his phone when he stumbled upon a video he accidentally recorded. It was a scene from the castle's entrance where Dracula slipped the little black box into Mrs. Smith's bag.

"Hey Tim, look at this,"

rró Sam mientras le enseñaba el vídeo a Tim.

"Vaya, ¿crees que Drácula metió algo en el bolso de la señora Smith?". preguntó Tim.

"Pues sí que lo parece", contestó Sam.

Los dos chicos no dejaban de pensar en la cajita negra y en lo que podría haber dentro. En cuanto aterrizaron en Nueva York, le contaron el incidente a la Sra. Smith.

"Sra. Smith, creemos que Drácula puso algo en su bolso. Mire este vídeo", dijo Sam, mostrándole la grabación.

La Sra. Smith miró el vídeo con una expresión de perplejidad en el rostro. "Hmm, parece que lo hizo. Pero, ¿por qué?", se preguntó.

Sam whispered as he showed the video to Tim.

"Whoa, do you think Dracula put something in Mrs. Smith's bag?" Tim asked.

"It sure looks like it," Sam replied.

The two boys couldn't stop thinking about the little black box and what could be inside it. As soon as they landed in New York, they told Mrs. Smith about the incident.

"Mrs. Smith, we think Dracula put something in your bag. Look at this video," Sam said, showing her the recording.

Mrs. Smith watched the video with a puzzled expression on her face. "Hmm, it looks like he did. But why would he do that?" she wondered.

"No lo sé; tal vez sea una antigua tradición rumana hacer regalos de esa manera", sugirió Sam.

La Sra. Smith asintió. "Podría ser. Deja que compruebe mi bolso".

Sin embargo, cuando llegaron a la sala de espera del aeropuerto y la Sra. Smith miró en su bolsa, la cajita negra no estaba por ninguna parte.

"No encuentro la caja. Quizá se cayó durante el vuelo", dijo la Sra. Smith, sonando decepcionada.

Al mismo tiempo, sonó un aviso. *"Atención a todos los pasajeros, desalojen inmediatamente el sector B del aeropuerto. Hay una niebla negra que se extiende por la zona".*

"I don't know; maybe it's an old Romanian tradition to give presents in such a way," Sam suggested.

Mrs. Smith nodded. "That could be it. Let me check my bag."

However, when they reached the waiting room of the airport and Mrs. Smith looked in her bag, the little black box was nowhere to be found.

"I can't find the box. Maybe it fell out during the flight," Mrs. Smith said, sounding disappointed.

At the same time, an announcement sounded. *"Attention all passengers, please vacate sector B of the airport immediately. There is a black fog spreading through the area."*

La Sra. Smith y los niños salieron rápidamente del aeropuerto y se dirigieron a sus casas. No podían evitar preguntarse por la cajita negra y lo que podría haber contenido.

La noche fue emocionante, pero Tim no podía quitarse de encima la sensación de que algo no iba bien. Decidió investigar un poco sobre las tradiciones rumanas para ver si realmente era posible hacerle regalos a alguien sin que lo supiera. Tras horas de búsqueda, encontró una antigua leyenda sobre una misteriosa niebla que aparecía en algunas regiones de Rumania cuando actuaba una fuerza oscura. Se decía que la niebla negra era una advertencia para los que se atrevían a adentrarse en los desconocidos bosques profun-

Mrs. Smith and the kids quickly left the airport and drove to their homes. They couldn't help but wonder about the little black box and what it might have contained.

The evening was exciting, but Tim couldn't shake off the feeling that something wasn't right. He decided to do some research on Romanian traditions to see if giving gifts to someone without them knowing was really a thing. After hours of searching, he found an old legend about a mysterious fog that would appear in some regions of Romania whenever a dark force was at work. It was said that the black fog was a warning to those who dared to intrude into the unknown deep for-

dos que rodeaban el castillo del conde Drácula. Tim no podía creer lo que estaba leyendo. ¿Era posible que Drácula hubiera echado una maldición sobre la caja que metió en la bolsa de la Sra. Smith?

Cuando la noche se asentó sobre Nueva York, las estrellas brillaron como diamantes en el cielo. Tim dormía en su cama. Mientras tanto, en el alféizar de la ventana, Manah montaba guardia, con los ojos fijos en el mundo exterior.

En la mano, Manah sostenía una pequeña piedra roja que le había arrebatado a Drácula aquella noche en el castillo.

ests around Count Dracula's castle. Tim couldn't believe what he was reading. Was it possible that Dracula had put a curse on the box that he put into Mrs. Smith's bag?

As the night settled over New York, the stars shone like diamonds in the sky. Tim was asleep in his bed. Meanwhile, on the windowsill, Manah stood guard, his eyes fixed on the outside world.

In his hand, Manah held a small, red stone that he took away from Dracula that night in the castle.

La piedra en forma de gota brillaba a la luz de la luna. Manah escudriñó las calles de abajo, atenta ante cualquier señal de peligro. Sabía que la ciudad podía ser un lugar peligroso, sobre todo por la noche, y estaba decidida a mantener a Tim a salvo. Y aunque la noche fuera larga y oscura, sabía que no descansaría hasta que saliera el sol y Tim volviera a estar a salvo.

(Continuará...)

The stone in the shape of a drop glittered in the moonlight. Manah scanned the streets below, alert for any signs of danger. He knew that the city could be a dangerous place, especially at night, and he was determined to keep Tim safe. And though the night was long and dark, he knew that he would not rest until the sun rose and Tim was safe once more.

(to be continued . . .)

¿?

¿Cómo se sintieron los niños al salir del castillo?

¿Qué descubrieron Sam y Tim durante el vuelo a Nueva York?

¿Encontró la Sra. Smith la

How did the children feel as they left the castle?

What did Sam and Tim discover on the plane to New York?

Did Mrs. Smith find the

cajita negra en su bolso?

¿Qué ocurrió en el aeropuerto mientras buscaban la caja?

¿Qué leyenda descubrió Tim sobre los bosques profundos que rodean el castillo del conde Drácula?

little black box in her bag?

What happened at the airport while they were looking for the box?

What legend did Tim find about deep forests around Count Dracula's castle?

Recommended reading

First Spanish Reader
for Beginners
Bilingual for Speakers of English
Beginner Elementary (A1 A2)

There are simple and funny Spanish texts for easy reading. Readers can quickly pick up new vocabulary and phrases that are used over and over in the book. As you read the book, your brain begins to remember words and phrases simply because you are exposed to them several times. The audio tracks are available inclusive online.

First Spanish Reader
for Beginners Volume 2
Elementary (A2)

This book is Volume 2 of First Spanish Reader for Beginners. The audio tracks are available inclusive online. With the help of QR codes, call up an audio file without manually entering web addresses.

First Spanish Reader
Volume 3
Bilingual for Speakers of English
Elementary (A2)

This book is Volume 3 of First Spanish Reader for Beginners. The audio tracks are available inclusive online. With the help of QR codes, call up an audio file without manually entering web addresses. The audio tracks are available inclusive online.

Second Spanish Reader
Bilingual for Speakers of English
Elementary Pre-intermediate
(A2 B1)

A private detective is following the girl he is in love with. A former air force pilot, he is discovering some sides in human nature he can't deal with. The audio tracks and a sample are available inclusive on www.lppbooks.com/Spanish/

Thomas Vivía Solo
Short Stories in Plain Spoken Spanish
Pre-intermediate (B1)

Thomas became informed that he would receive the entire estate as he was the only child. Then a few events happened that scared him. Thomas Vivía Solo is a collection of stories containing popular Spanish expressions used in everyday context with their best equivalents widely used in Spanish-speaking countries. It offers English speakers with a basic knowledge of Spanish a lot of tips for using the language more fluently and colloquially.

Strange Waters
Intermediate Spanish Reader
Parallel Translation

Being a co-founder of a two-men business has it's pros and cons. However, the cold waters of self-employment do not fit everyone. With the translation on the same page, readers can effortlessly learn what any unfamiliar words mean. Readers can quickly pick up new vocabulary and phrases that are used over and over in the book.

Unexpected Circumstance
Bilingual Spanish Reader
Intermediate B2

Forensic science was one of Damien Morin's passions. However, the first real crime that he investigated led him to his own past.

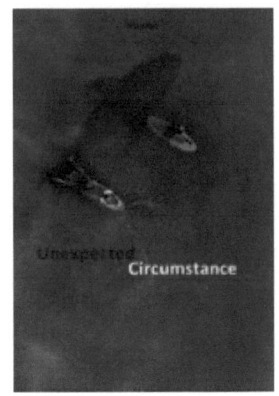